BEI GRIN MACHT SICH IHR WISSEN BEZAHLT

- Wir veröffentlichen Ihre Hausarbeit,
  Bachelor- und Masterarbeit

- Ihr eigenes eBook und Buch -
  weltweit in allen wichtigen Shops

- Verdienen Sie an jedem Verkauf

Jetzt bei www.GRIN.com hochladen
und kostenlos publizieren

Trainingsplanung für Beweglichkeitstraining und Koordinationstraining

Sarah Werner

Bibliografische Information der Deutschen Nationalbibliothek:

Die Deutsche Nationalbibliothek verzeichnet diese Publikation in der Deutschen Nationalbibliografie; detaillierte bibliografische Daten sind im Internet über http://dnb.d-nb.de abrufbar.

ISBN: 9783346491800
Dieses Buch ist auch als E-Book erhältlich.

© GRIN Publishing GmbH
Nymphenburger Straße 86
80636 München

Druck und Bindung: Books on Demand GmbH, Norderstedt Germany
Gedruckt auf säurefreiem Papier aus verantwortungsvollen Quellen

Das vorliegende Werk wurde sorgfältig erarbeitet. Dennoch übernehmen Autoren und Verlag für die Richtigkeit von Angaben, Hinweisen, Links und Ratschlägen sowie eventuelle Druckfehler keine Haftung.

Das Buch bei GRIN: https://www.grin.com/document/1127674

Deutsche Hochschule für
Prävention und Gesundheitsmanagement
Hermann Neuberger Sportschule 3
66123 Saarbrücken

Einsendeaufgabe

Fachmodul:	Trainingslehre 3
Studiengang:	B.A. Fitnesstraining
Datum Präsenzphase:	01.07.2019 – 03.07.2019
Name, Vorname:	Werner, Sarah
Studienort:	**Frankfurt**
Semester:	**WS2017**

Inhaltsverzeichnis

1 Personendaten

Zu Beginn einer jeden Trainingsplanung steht das Eingangsgespräch, gefolgt von einem Beweglichkeitstest. Mithilfe dessen, werden möglichst viele relevante Daten des Kunden gesammelt. Hauptbestandteil des Eingangsgespräches sind die allgemeinen Daten (Alter, Geschlecht, etc.) und biometrische Daten (Körpergröße, Körpergewicht). Des Weiteren sind die aktuelle Leistungsfähigkeit und der Gesundheitszustand des Kunden zu erheben. Wichtige Informationen sind außerdem die Trainingsmotive und Wünsche, aus denen später Ziele generiert werden sowie das Zeitbudget, um das Training perfekt in den Alltag des Kunden zu integrieren und zudem bekannte Risikofaktoren und eventuelle Einnahme von Medikamenten, um den Kunden keinen Gefahren auszusetzen.

Tabelle 1: Allgemeine Daten

Allgemeine Daten zur Person	
Alter	42 Jahre
Geschlecht	Männlich
Körpergröße	178cm
Körpergewicht	82kg
Trainingsmotive	Ausgleich zum Berufsalltag Wohlbefinden stärken Allgemeine Fitness
Berufliche Tätigkeit	Bankkaufmann
Aktuelle sportliche Tätigkeit	1x pro Woche Schwimmen für 30 – 45 Minuten (Beginner)
Frühere sportliche Tätigkeit	Fußball (Fortgeschrittener)
Leistungsstufe / Trainingsumfang	
Zeitlicher Verfügungsrahmen	Täglich für 45 – 60 Minuten
Allgemeiner Gesundheitszustand der Person	
Orthopädische Probleme	Verspannungen im HWS-Bereich
Internistische Probleme	Keine
Ärztliche Behandlungen	Keine
Einnahme von Medikamenten	Keine
Sonstige gesundheitliche Einschränkungen	keine

1.1 Bewertung der allgemeinen Daten

Wie man den zuvor dargestellten Tabellen entnehmen kann, handelt es sich bei dem Kunden um einen 42-jährigen Mann, welcher als Bankkaufmann hauptsächlich einer sitzenden Tätigkeit nachgeht. Dadurch hat er während der Arbeitszeit gebeugte Hüft- und Kniegelenke und eine starke Schonhaltung der Wirbelsäule. Der Kopf ist hauptsächlich nach unten geneigt, die Arme in vorgehaltener Lage und es folgt ein Rundrücken. Aufgrund dessen klagt der Kunde von Verspannungen im HWS-Bereich. Der Kunde geht lediglich ab und zu 1x pro Woche Schwimmen und ansonsten spielen sportliche Tätigkeiten für ihn keine große Rolle. Früher war er jedoch in einem Fußballverein tätig und hat regelmäßig die Woche trainiert. Mit dem Training möchte der Kunde erreichen, dass seine Beweglichkeit und Koordination verbessert wird. Dafür kann er sich in der Woche täglich für 45 – 60 Minuten Zeit nehmen. Die Testperson nimmt keine Medikamente und hatte bisher keine orthopädischen oder internistischen Erkrankungen. Ebenfalls haben keine ärztlichen Behandlungen stattgefunden.

2 Beweglichkeitssteuerung

Um die gegenwärtige Beweglichkeitssituation des Probanden zu explizieren und eventuelle Beweglichkeitsdefizite zu diagnostizieren, wird ein vereinfachtes Testverfahren in Anlehnung an die Muskelfunktionsprüfung nach Janda angewandt. Die Testung erfolgt bilateral, um etwaige muskuläre Dysbalancen aufzuzeigen. Es werden nacheinander fünf Muskelgruppen untersucht. Anschließend werden die erhobenen Befunde mit Normwerten verglichen. Die folgende Tabelle veranschaulicht das Testverfahren für den jeweiligen Muskel bzw. die jeweilige Muskelgruppe.

Tabelle 2: manueller Beweglichkeitstest (modifiziert nach Janda)

Zu testende Muskelgruppe	Durchführung	Messbereich / Normwerte	Testergebnisse Kunde
Brustmuskulatur (M. pectoralis major)	Rückenlage auf der Liege, Beine sind zur Beckenfixierung angewinkelt, Füße haben Kontakt mit der Auflagefläche, Hand/Unterarm in diagonale Richtung. Zu testende Arm im Schultergelenk abduziert u. außenrotiert, Ellenbogengelenk im 90° Winkel	Stufe 0: Oberarm erreicht die Horizontale; durch leichten Druck des Testers kann Oberarm unter die Horizontale bewegt werden -> keine Beweglichkeitsdefizite Stufe 1: Oberarm erreicht die Horizontale nicht; durch leichten Druck des Testers kann Oberarm bis zur Horizontale bewegt werden -> leichte Beweglichkeitsdefizite Stufe 2: Oberarm erreicht Horizontale auch durch Druck des Testes nicht -> deutliche Beweglichkeitsdefizite	Der Oberarm (links/rechts) erreicht ohne Probleme die Horizontale; durch leichten Druck war es möglich den Oberarm unter die Horizontale zu bewegen ↑ Stufe 0 keine Beweglichkeitsdefizite
Hüftbeugemuskulatur (speziell M. iliopsoas)	Rückenlage auf der Liege, Gesäß schließt mit dem Rand der Liege ab, Beine sind im Überhang, Proband zieht ein angewinkeltes Bein maximal weit zum Körper heran	Stufe 0: Oberschenkel erreicht Horizontale; durch leichten Druck des Testers kann Oberschenkel unter Horizontale bewegt werden -> keine Beweglichkeitsdefizite Stufe 1: leichte Hüftbeugestellung; durch leichten Druck des Testers kann Oberschenkel bis zur Horizontale bewegt werden -> leichte Beweglichkeitsdefizite; Oberschenkel Stufe 2: deutliche Beweglichkeitsdefizite; Oberschenkel erreicht Horizontale auch durch Druck des Testers nicht -> deutliche Beweglichkeitsdefizite	Zu beobachten ist eine leichte Hüftbeugestellung des freien (links/rechts) Beines. Durch vorsichtigen Druck war es möglich den Oberschenkel zur Horizontalen zu bewegen. ↑ Stufe 1, leichte Beweglichkeitsdefizite
Kniestreckmuskulatur (speziell M. rectus femoris)	Rückenlage auf der Liege, Gesäß schließt mit dem Rand der Liege ab, Beine sind im Überhang, angewinkeltes Bein maximal zum Körper heranziehen, Gegenbein wird im maximal möglichen Hüftextensionswinkel durch Tester fixiert	Stufe 0: Unterschenkel hängt senkrecht herab; durch leichten Druck des Testers ist es möglich, die Kniebeugung zu vergrößern -> keine Beweglichkeitsdefizite Stufe 1: Unterschenkel ist leicht nach vorne gestreckt; durch leichten Druck des Testers ist es möglich, einen 90°Winkel zu erreichen -> leichte Beweglichkeitsdefizite Stufe 2: Unterschenkel ist deutlich nach vorne gestreckt; auch durch Druck des Testers wird 90° Winkel nicht erreicht -> deutliche Beweglichkeitsdefizite	Der Unterschenkel des zu testenden Beines (links/rechts) ist minimal nach vorne gestreckt. Durch Mithilfe des Testers konnte der Winkel zwischen Ober- und Unterschenkel auf 90 Grad vergrößert werden. ↑ Stufe 1, leichte Beweglichkeitsdefizite
Kniebeugemuskulatur (Mm. Ischiocrurales)	Rückenlage auf der Liege, nicht getestete Bein ist im Hüft- und Kniegelenk gebeugt, zu testende Bein wird vom Tester bei gestrecktem Kniegelenk in die maximal mögliche Hüftflexion geführt	Stufe 0: Flexion im Hüftgelenk im Ausmaß von 90° möglich -> keine Beweglichkeitsdefizite Stufe 1: Flexion im Hüftgelenk ist bis zwischen 80-90° möglich -> leichte Beweglichkeitsdefizite Stufe 2: Flexion im Hüftgelenk ist nur unter 80° möglich -> deutliche Beweglichkeitsdefizite	Die Flexion des zu testenden Beines (links/rechts) erreicht im Hüftgelenk ungefähr 80 Grad Winkel. ↑ Stufe 2, deutliche Beweglichkeitsdefizite
Wadenmuskulatur (Mm. Triceps surae)	Rückenlage auf der Liege, nicht zu testende Bein beugen, den Fuß auf der Liege aufstellen, das zu testende Bein strecken, die Hälfte des Unterschenkels ragt über die Liege heraus, Tester greift das Bein am Fersenbein, andere Hand ergreift den Fuß von der Fußaußenkante, Tester führt einen Hauptzug an der Ferse aus und zieht distal auswärts, Daumen der anderen Hand drückt außen den Vorfuß mit leichtem Druck zum Schienbein	Stufe 0: Dorsalextension ist mindestens mit zur 0°Stellung möglich -> keine Beweglichkeitsdefizite Stufe 1: die 0°Stellung wird nicht erreicht; Dorsalextension ist aber möglich -> leichte Beweglichkeitsdefizite Stufe 2: Dorsalextension ist nur bis 10° unterhalb der 0° Stellung möglich -> deutliche Beweglichkeitsdefizite	Eine Dorsalextension der Ferse und dem Vorfuß (links/rechts) ist bis zur 0 Grad Stellung möglich. ↑ Stufe 0, keine Beweglichkeitsdefizite

2.1 Bewertung der ermittelten Testergebnisse aus dem oben genannten Beweglichkeitstest

Die Testperson weist anhand der Testergebnisse leichte bis deutliche Beweglichkeitsdefizite im unteren Teil des Körpers auf. Zwei von fünf getesteten Muskelgruppen waren der Norm (Stufe 0) entsprechend, sprich ohne Beweglichkeitseinschränkungen. Dies betrifft den großen Brustmuskel (M. pectoralis major) und die Wadenmuskulatur (Mm. Triceps surae). Des Weiteren wurden der M. rectus femoris und der M. iliopsoas getestet, die beide leichte Beweglichkeitsdefizite aufweisen (Stufe 1). Darüber hinaus liegen beim Mm. Ischiocrurales deutlich ersichtliche Defizite vor (Stufe 2). Daraus resultiert sich, dass die Testperson zum Testzeitpunkt leichte Beweglichkeitsdefizite, hauptsächlich im unteren Bereich des Körpers, aufweist. Die Beweglichkeit ist zufolge des angewandten Tests in einem geringfügig ausgeprägten Zustand. Vermutlich sind diese Defizite auf einen Bewegungsmangel und andauernd eingeschränkte Bewegungsamplituden im Alltag zurückführen.

3 Trainingsplanung Beweglichkeitstraining

Bringen wir Körperteile in eine bestimmte Position, lassen sich Muskeln dehnen. Dadurch vermindert sich die allgemeine Muskelanspannung und der normale Bewegungsumfang wird erweitert. Mit dem Bewegungsumfang erweitern wir den Bewegungsweg, den Gliedmaßen zurücklegen können, bevor Muskeln und Sehnen Schaden nehmen. So werden etwa die Muskeln und Sehnen auf der Rückseite stark belastet, wenn man einen Fußball schießt. Je elastischer und geschmeidiger diese Muskeln sind, desto weiter kann sich das Bein nach vorn bewegen, ohne dass eine Zerrung oder andere Verletzungen entstehen. Die Vorteile eines erweiterten Bewegungsumfangs sind gesteigertes Wohlbefinden, mehr Bewegungsfreiheit und eine reduzierte Anfälligkeit für Muskel- und Sehnenverletzungen (Walker, 2011, S. 21).

Für die Trainingsplanung wird die aktive und passive Dehnform angewandt sowie die statische und dynamische Arbeitsweise. Zudem werden alle Dehnmethoden (aktiv, passiv, statisch, dynamisch, postisometrisch) zum Einsatz kommen.

Unter statischen Dehnmethoden fasst man Dehnübungen zusammen, die ohne Bewegung ausgeführt werden. Praktisch bedeutet dies, dass der Übende in die Dehnungshaltung geht und die
Dehnung eine bestimmte Zeit lang hält. Darunter versteht man das statische, passive, aktive
und postisometrische Dehnen. Beim statischen Dehnen wird der Körper in eine Stellung gebracht, in welcher der zu dehnende Muskel unter Dehnspannung ist. Der Körper wird nun lang-
sam und vorsichtig so bewegt, dass die Spannung im zu dehnenden Muskel zunimmt. Beim
passiven Dehnen werden die Muskeln allerdings durch einen Helfer oder ein Hilfsmittel zu-
sätzlich gedehnt und beim aktiven Dehnen wird die Dehnung ohne jede äußere Hilfe oder
Krafteinwirkung ausgeführt. Das postisometrische Dehnen ist eine Art Flexibilitätstraining, bei
dem die Zielmuskelgruppe sowohl gedehnt als auch kontrahiert wird.

Unter dynamischen Methoden versteht man Dehnübungen, die mit Bewegung ausgeführt werden. Praktisch bedeutet dies, dass der Übende schwingende oder federnde Bewegungen ein-
setzt, um seinen Bewegungsumfang und seine Beweglichkeit zu erweitern.

Alle Dehnübungen werden mit einer möglichst hohen Dehnintensität durchgeführt, worunter
man versteht, dass es ins „maximale" Dehnen geht.

Tabelle 3: Trainingsplanung Beweglichkeitstraining (Teil 1)

Dehnübung	Belastungsgefüge	Durchführung	Dehnmethode	Anvisierte Zielmuskulatur	Bildliche Darstellung
Dehnung der seitlichen Halsmuskulatur in Rotation	Trainingshäufigkeit pro Woche: täglich / Sätze pro Übung: 3-4 / Dehndauer: 30 Sekunden	Aufrechter Stand, langsame Drehung des Kopfes nach rechts und links, Kinn parallel zum Boden, Schultern stabil -> Wechsel	Aktiv dynamisch	Primär: großer Kopfwender, Kopf-Riemenmuskel, Kopf-Querfortsatzmuskel, longissimus capitis Sekundär: Schulterblattheber, Trapezmuskel	
Dehnung der seitlichen Halsmuskulatur	Trainingshäufigkeit pro Woche: täglich / Sätze pro Übung: 4-5 / Dehndauer: 30 Sekunden	Aufrechter Stand, Kopf langsam zur Seite neigen, Schultern bleiben stabil, andere Hand drückt nach unten -> Wechsel	Aktiv passiv	Primär: Schulterblattheber, Trapezmuskel Sekundär: großer Kopfwender u. vorderer, mittlerer, hinterer Rippenhaltermuskel	
Dehnung der Brust- und Oberarmmuskulatur	Trainingshäufigkeit pro Woche: täglich / Sätze pro Übung: 3-4 / Dehndauer: 45 Sekunden	Aufrechter Stand, Theraband umfassen, Griffweite individuell nach Beweglichkeit, Theraband über den Kopf nach hinten führen -> Wechsel	Passiv statisch	Primär: großer und kleiner Brustmuskel, vorderer Deltamuskel Sekundär: biceps brachii, brachialis	
Dehnung der seitlichen Rumpfmuskulatur	Trainingshäufigkeit pro Woche: täglich / Sätze pro Übung: 3-4 / Dehndauer: 30 Sekunden	Schulterbreiter Stand, Arme im Nacken verschränken, Oberkörper langsam und gleichmäßig nach links und rechts neigen, Kopf bleibt in Verlängerung der Wirbelsäule -> Wechsel	Aktiv statisch	Primär: quadratus lumborum, externus u. internus obliquus abdominis Sekundär: iliocostalis lumborum, intertransversarii, multifidus	
Quadrizeps- Dehnung	Trainingshäufigkeit pro Woche: täglich / Sätze pro Übung: 3-4 / Dehndauer: 30 Sekunden	Gleichseitigen Fuß im Stand umfassen und Ferse zum Gesäß ziehen, Oberschenkel bleiben parallel -> Wechsel	Aktiv statisch	Primär: rectus femoris, vastus medialis u. lateralis u. intermedius Sekundär: Dammbeinmuskel, großer Lendenmuskel	

Tabelle 4: Trainingsplanung Beweglichkeitstraining (Teil 2)

Dehnübung	Belastungsgefüge	Durchführung	Dehnmethode	Anvisierte Zielmuskulatur	Bildliche Darstellung
Dehnung der Rumpfmuskulatur	Trainingshäufigkeit pro Woche: täglich Sätze pro Übung: 4-5 Dehndauer: 15 Sekunden	Vierfüßlerstand, „Katzenbuckel" machen, harmonische Krümmung der Wirbelsäule, danach Wirbelsäule durchhängen (Hohlkreuzposition)	Aktiv dynamisch	**Hängender Rücken:** Primär: gluteus maximus; Sekundär: transversus abdominis, rectus abdominis **Gewölbter Rücken:** Primär: semispinalis cervicis u. thoracis, spinalis cervicis u. thoracis etc. Sekundär: Zwischendornfortsatzmuskel, Drehmuskel	
Dehnung der Abduktoren und der Gesäßmuskulatur, untere Rumpfmuskulatur	Trainingshäufigkeit pro Woche: täglich Sätze pro Übung: 3-4 Dehndauer: 30 Sekunden	Sitzposition, rechtes Bein über gestrecktes linkes Bein stellen, Fuß oberhalb des Kniegelenks aufstellen, rechter Arm stützt den aufrechten Körper ab, linker Ellbogen drückt den rechten Oberschenkel zur Gegenseite und dosiert die Dehnung, Blickrichtung entgegengesetzt der Dehnung -> Wechsel	Aktiv statisch	Primär: gluteus maximus, medius u. minimus, tensor fasciae latae Sekundär: semi spinalis thoracis, spinalis thoracis, longissimus thoracis, rotatores, intertransversaii, interspinales	
Dehnung der Adduktoren	Trainingshäufigkeit pro Woche: täglich Sätze pro Übung: 3-4 Dehndauer: 30 Sekunden	Sitzposition, Fußsohlen aneinander legen, gerader Rücken, Füße umfassen, mit Hilfe der Ellbogen nach außen- Unten drücken Beachte: Becken nicht nach hinten kippen!	Passiv postisometrisch	Primär: adductor longus, brevis u. magnus Sekundär: schlanker Muskel, Kammmuskel	
Dehnung der Oberschenkel- und Wadenmuskulatur	Trainingshäufigkeit pro Woche: täglich Sätze pro Übung: 3-4 Dehndauer: 30 Sekunden	Rückenlage, linkes Bein aufstellen, Oberschenkel des rechten Beins umfassen und Fuß strecken, anschließend Fuß maximal beugen -> Wechsel	Postisometrisch Aktiv passiv	Primär: semimembranosus, semitendinosus, biceps femoris Sekundär: gastrocnemius	
Dehnung der Abduktoren des Hüftgelenks und der Rotationsmuskulatur der Wirbelsäule	Trainingshäufigkeit pro Woche: täglich Sätze pro Übung: 3-4 Dehndauer: 20 Sekunden	Rückenlage, Arme gestreckt in Verlängerung der Schulter um Körper zu stabilisieren, Knie in Richtung Boden ziehen, Kopf zur anderen Seite drehen -> Wechsel	Aktiv dynamisch	Primär: semispinalis thoracis, spinalis thoracis, spinalis thoracis, longissimus thoracis, iliocostalis thoracis, rotatores, interspinales Sekundär: gluteus maximus, medius u. minimus, tensor fasciae latae	

3.1 Begründung des Dehnprogramms

Aufgrund des geäußerten Ziels des Probanden fit für den Alltag zu bleiben, wird dem Beweglichkeitstraining ein hoher Stellenwert angerechnet. Mangelnde Beweglichkeit kann bereits bei alltäglichen Bewegungen wie z.b. beim Bücken Schwierigkeiten hervorrufen, in manchen Fällen sogar zu Muskel- und Gelenkschmerzen beitragen. Da der Kunde als Bankkaufmann tätig ist und dementsprechend in seinem Alltag kaum die Beweglichkeit integrieren kann und sich meist in ein und derselben Körperposition befindet, ist das Beweglichkeitstraining für den gesamten Körper sehr wichtig. Der Proband weist in manchen Gelenken und den entsprechenden gelenkumgehenden Strukturen höhere Beweglichkeitsdefizite auf, als in anderen. Daher wurden für die aus dem Beweglichkeitstest resultierenden Defizite, entsprechende Übungen ausgewählt. Beispielsweise bei der Halswirbelsäulenmuskulatur. Um die Verspannungen im HWS-Bereich zu beseitigen, werden mehrere Dehnungsübungen für die in dem Bereich häufig betroffenen Muskeln, angewendet. Bei der Übungsauswahl wurden einfache Übungen, passend zum Zustand ausgewählt, sodass potentielle Schwierigkeiten vermieden werden können. Beispielsweise wird eine Dehnung der Oberschenkelmuskulatur im Liegen auf dem Boden statt im Stand bevorzugt, da hier eine mangelnde Gleichgewichtsfähigkeit ein Problem darstellen könnte.

4 Trainingsplanung Koordinationstraining

Ständig empfängt unser Körper Reize aus seiner Umwelt, nimmt diese als Signale mit seinen Rezeptoren auf und lässt entsprechende Informationen über die Nervenbahnen jagen und in Bruchteilen von Sekunden muskuläre Reaktionen hervorrufen. Das tut unser Körper bei jeder Bewegung. Wenn diese Bewegungen geschmeidig, zeitlich optimal abgestimmt und perfekt dosiert sind, dann hat das mit Körperkoordination zutun. Jeder verfügt über diese Koordination, jedoch wird diese im Laufe des Lebens allzu oft beeinträchtigt. Mit einem gezielten Koordinationstraining kann das aber wieder ins Lot gebracht werden (Aigner, 2009, S. 9). Koordination stellt die Grundlage dar, Bewegungen neu und schnell zu erlernen sowie gezielt und ökonomisch auszuführen. Je höher die koordinativen Fähigkeiten ausgeprägt sind, umso präziser, direkter und ökonomischer können Bewegungsabläufe ausgeführt werden. Daraus resultieren für die muskuläre Belastung bei der Bewegung ein verminderter Energieaufwand, eine Reduzierung des Sauerstoffbedarfs, ein verminderter Krafteinsatz, eine erhöhte Leistungsfähigkeit und eine geringere Ermüdung. (Eifler, 2019)

Koordinationstraining schult immer auch die Konzentration. Durch die Fokussierung auf einen Punkt in der Ferne, einen visuellen Anker, trainiert man unbewusst den so genannten Tunnelblick mit, also den Blick auf das Wesentliche. Aus diesem Grund wurde vor dem Koordinationstraining ein Koordinationstest anhand der MFT-Disc ausgeführt um die Trainingsplanung noch individueller gestalten zu können.

Die Modellierung des Gleichgewichtstraining beginnt als Grundvoraussetzung für die Durchführung des Trainings mit dem kurzen Fuß nach Janda. Die Durchführung findet barfuß im stabilen Stand statt. Beide Füße sind gleichzeitig belastet und Ferse, Klein- u. Großzehballen sowie die Zehenballen haben Bodenkontakt. Die Zehen werden leicht gespreizt und das Fußgewölbe hochgezogen, ohne dass die Zehen dabei zu krallen. Der Abstand zwischen Vorfuß und Ferse verkürzt sich, dadurch kommt es zum so genannten kurzen Fuß und zur Aktivierung der gesamten Streckmuskulatur.

Tab_elle 5: Trainingsplanung Koordinationstraining (Teil 1)

Koordinationsübung	Belastungsgefüge	Durchführung	Bildliche Darstellung
Vierfüßlerstand Standwaage	Trainingshäufigkeit pro Woche: täglich Sätze pro Übung: 4 Satzpausen: 20 – 30 Sekunden Belastungsdauer: 20 Sekunden halten	Vierfüßlerstand, leicht gebeugte Arme, ein Bein und einen Arm diagonal waagrecht zum Rumpf heben, Bauch anspannen, Kopf in Verlängerung der Wirbelsäule -> Wechsel	
Vierfüßlerstand Standwaage mit Aufdrehen	Trainingshäufigkeit pro Woche: täglich Sätze pro Übung: 4 Satzpausen: 20 – 30 Sekunden Belastungsdauer: 6 Wiederholungen	Vierfüßlerstand, leicht gebeugte Arme, ein Bein und einen Arm diagonal waagrecht zum Rumpf heben, Bauch anspannen, seitlich öffnen und Arm nach oben strecken, Kopf folgt dem bewegenden Arm -> Wechsel	
Standwaage stehend	Trainingshäufigkeit pro Woche: täglich Sätze pro Übung: 4 Satzpausen: 20 – 30 Sekunden Belastungsdauer: 20 Sekunden halten	Einbeinstand, Arme seitlich ausstrecken, Hüfte beugen und mit geradem Rücken nach vorne lehnen; Kopf, Oberkörper u. Bein horizontal in einer Linie	
Standwage stehend Mit Kettlebell	Trainingshäufigkeit pro Woche: täglich Sätze pro Übung: 4 Satzpausen: 20 – 30 Sekunden Belastungsdauer: 20 Sekunden halten	s.h. vorherige Übung + Kettlebell am nach unter hängenden Arm	
Einbeinstand Sprung Koordinationsleiter	Trainingshäufigkeit pro Woche: täglich Sätze pro Übung: 4 Satzpausen: 20 – 30 Sekunden Belastungsdauer: 5 Sekunden Stand, 6 Wiederholungen	Einbeinstand links neben Koordinationsleiter (linker Fuß), danach Sprung nach rechts neben Koordinationsleiter (rechter Fuß) -> Wechsel fortlaufend	

Tabelle 6: Trainingsplanung Koordinationstraining (Teil 2)

Koordinationsübung	Belastungsgefüge	Durchführung	Bildliche Darstellung
Beidbeiniger Stand Balance Pad	Trainingshäufigkeit pro Woche: täglich Sätze pro Übung: 4 Satzpausen: 20 – 30 Sekunden Belastungsdauer: 30 Sekunden	Beidbeinige Standstabilisation	
Einbeinstand Bosu Ball Rundung	Trainingshäufigkeit pro Woche: täglich Sätze pro Übung: 4 Satzpausen: 20 – 30 Sekunden Belastungsdauer: 30 Sekunden	Einbeinige Standstabilisation	
Einbeinstand mit Schwingen Bosu Ball Rundung	Trainingshäufigkeit pro Woche: täglich Sätze pro Übung: 4 Satzpausen: 20 – 30 Sekunden Belastungsdauer: 20 Sekunden	Einbeinstand, Bein nach hinten und vorne schwingen	
Einbeinstand Augen zu Bosu Ball Rundung	Trainingshäufigkeit pro Woche: täglich Sätze pro Übung: 4 Satzpausen: 20 – 30 Sekunden Belastungsdauer: 20 Sekunden	Einbeinige Standstabilisation, Augen schließen	s.h. Einbeinstand Bosu Ball
Einbeinstand Schwingen Bosu Ball Plattform	Trainingshäufigkeit pro Woche: täglich Sätze pro Übung: 4 Satzpausen: 20 – 30 Sekunden Belastungsdauer: 20 Sekunden	Einbeinstand, Bein nach hinten und vorne schwingen	

4.1 Begründung Koordinationsprogramm

Der Koordination kommt eine zentrale Rolle als Grundbaustein aller motorischen Fähigkeiten zu. Neben des Erreichens einer ökonomischen Bewegungsqualität bei einem Bewegungsablauf, ist es unter Anderem Ziel eine Bewegungssicherung für die körperlichen Aktivitäten im Alltag zu gewährleisten. Dies kommt dem persönlichen Zeil des „Fit-Seins" im Alltag sehr nahe. Zudem geht oft ein gutes Wohlbefinden einher.

Unter Beachtung des Alters („Zweiundvierzig") und des MFT- Koordinationstests wird ein zielgruppenorientiertes Training erstellt. Hierbei wird auch der Zustand der Person berücksichtigt, wobei eine gewisse Koordination beim Probanden aufgrund einer früher langjährigen Fußballkarriere besteht und das Training demnach anspruchsvoller sein kann. Demnach kann eine bestmögliche Verbesserung der Koordination angestrebt werden. Die Übungen haben eine systematisch aufeinander aufbauende Anordnung. Beginnend mit einer ganz einfachen Übung, wird Schritt für Schritt durch veränderte Bedingungen ein höheres Maß an Anforderung bezweckt. Vergleichbar ist dieses Training mit dem Prinzip der steigenden Belastung.

5 Literaturrecherche

Thema: Effekte des Dehnens im Hinblick auf eine Verbesserung der sportlichen Leistungsfähigkeit

Tabelle 7: Literaturrecherche - Studie 1

Titel der Studie	Die Auswirkungen von Dehn- und Aufwärmübungen auf die Vertikalsprungleistung
Wer hat die Studie durchgeführt?	E. Henning S. Podzielny
Wann wurde die Studie durchgeführt?	1994
Welche Forschungsfrage wurde untersucht?	Welche Auswirkungen haben Dehn- und Aufwärmübungen auf die vertikale Sprungleistung?

Mit welchen Versuchspersonen wurde die Studie durchgeführt?	29 männliche Sportstudenten:
	Ø Alter: 25,6 Jahre
	Ø Größe: 181,9cm
	Ø Gewicht: 73,9kg 17 männliche Leichtathleten
	    Ø Alter: 24,2 Jahre
	    Ø Größe: 184,6cm
	    Ø Gewicht: 78,1kg

Wie sah der Versuchsaufbau der Studie aus?	Die Versuchspersonen führen an zwei unterschiedlichen Tagen maximale Vertikalkraftsprünge auf einer piezoelektrischen Kraftmessplattform durch. An den Tagen vor den jeweiligen Versuchstagen sollten die Probanden keinen Sport treiben. An einem Tag wurden die Standsprünge in unvorbereiteten Zustand, nach Dehnübungen und einem anschließenden 10minütigen Dauerlauf durchgeführt. Am zweiten Versuchstag wurde nach den Messungen im unvorbereiteten Zustand zunächst der Dauerlauf durchgeführt, an den sich die Dehnübungen anschlossen. Für jeweils die Hälfte der Sportstudenten und Leichtathleten wurde die Reihenfolge der Versuchstage umgekehrt. Es wurden bei allen Versuchspersonen jeweils fünf Sprünge in jeder Versuchsbedingung durchgeführt. Dies führte bei 46 Versuchspersonen zu einer Gesamtzahl von 1380 ausgewerteten Sprungversuchen. Messdaten: Messung im unvorbereiteten Zustand am 1. Versuchstag (PRE1), Nach dem Dehnen (POS), Nach dem gedehnten Zustand (PORnS), Messung im unvorbereiteten Zustand am 2. Versuchstag (PRE2), Nach dem Laufen (POR), Nach dem Dehnen im aufgewärmten Zustand (POSnR)
Welche relevanten Ergebnisse und Schlussfolgerungen lieferten die Studie?	Probanden unterschiedlicher Leistungsgruppen konnten durch ein 10minütiges Aufwärmen ihre maximale Vertikalsprunghöhe um mehr als 6% verbessern. Im aufgewärmten Zustand traten dabei höhere Bodenreaktionskraftmaxima, eine schnellere Kraftentwicklung und größere Kraftrelaxationsraten auf. Dehnübungen nach allgemeiner Aufwärmung bewirkten einen Sprunghöhenverlust von fast 4%, verbunden mit geringeren Reaktionskraftmaxima und einer reduzierten Kraftrelaxationsrate. Die psycho-physiologischen Ursachen, die diesen Untersuchungsergebnissen zugrunde liegen, können vielfältiger Natur sein. Stretching nach einem allgemeinen Aufwärmen, wie es im Sport zur Verletzungsprophylaxe empfohlen wird, kann zu einer Leistungseinbuße bei schnellkräftigen Bewegungen führen. Eine umgekehrte Reihenfolge der Vorbereitungsübungen oder ein alleiniges Warmlaufen wären nach den Ergebnissen dieser Studie vorteilhaft.

Titel der Studie	Einfluss unterschiedlicher Dehntechniken auf die reaktive Leistungsfähigkeit
Wer hat die Studie durchgeführt?	Dr. Martin Hillebrecht Universität Oldenburg, Zentrale Einrichtung Hochschulsport
Wann wurde die Studie durchgeführt?	2003
Welche Forschungsfrage wurde untersucht?	Treten überdauernde Reduktionen der reaktiven Leistungsfähigkeit ausgelöst durch statisches Dehnen auf?
Mit welchen Versuchspersonen wurde die Studie durchgeführt?	35 Sportstudenten der Universität Oldenburg 19 Männer u. 16 Frauen Ø Alter: +/- 25 Jahre Ø Größe: +/- 179cm Ø Masse: +- 73kg
Wie sah der Versuchsaufbau der Studie aus?	Die Sportstudenten wurden anhand von Vortestergebnissen so in die beiden Versuchsgruppen Statische Dehnung (SD – 11 Probanden, Alter +/- 26 Jahre, Größe +/- 179cm, Masse +-71kg) und Dynamische Dehnung (DD – 12 Probanden, Alter +/- 25 Jahre, Größe +/- 180cm, Masse +/- 73kg) sowie eine Kontrollgruppe (KG – 12 Probanden, Alter +/- 25 Jahre, Größe +/- 180cm, Masse +-75kg) eingeteilt, dass diese eine ähnliche Verteilung bezüglich reaktiver Leistungsfähigkeit und Beweglichkeit aufwiesen. -Untersuchung von Drop-Jumps (DJ – Tief-Hochsprung); Absprung von einer erhöhten Position wird eingeleitet; im Anschluss an die Landung auf dem Boden erfolgt ohne Verzögerung ein erneuter Absprung senkrecht nach oben; wird die Kontaktzeit nach der ersten Landung auf dem Boden unter 200ms gehalten, liegt ein schneller DVZ und damit eine reaktive Bewegung vor. -Bestimmung der Bodenkontaktzeit und Dauer des daran anschließenden Sprunges bis zur erneuten Landung mit Hilfe einer Kraftmessplattform
Welche relevanten Ergebnisse und Schlussfolgerungen lieferten die Studie?	Kurzzeitiges, statisches Dehnen verursacht eine zeitlich überdauernde Verringerung der reaktiven Leistungsfähigkeit. Dynamisch durchgeführtes Dehnen führt nicht zu signifikanten Beeinflussungen der reaktiven Leistungsfähigkeit. Auch im Vergleich zur indifferenten Wirkung des dynamischen Dehnens wirkt sich die Durchführung von statischen Dehnungen tendenziell negativer auf die reaktive Leistungsfähigkeit aus.

6 Literaturverzeichnis

Wydra, G., Bös, K. & Karisch, G. (1991). *Zur Effektivität verschiedener Dehntechniken.* Deutsche Zeitschrift für Sportmedizin.

Begert, B. & Hillebrecht, M. (2003). Einfluss unterschiedlicher Dehntechniken auf die reaktive Leistungsfähigkeit. Spektrum der Sportwissenschaften.

Haase, U. (2019). *Beweglichkeitstraining.* Magazin der Techniker Krankenkasse.

Freiwald, J. (2013). Optimales Dehnen, Sport – Prävention – Rehabilitation. Verlag: spitta.

Henning, E. & Podzielny, S. (1994). *Die Auswirkung von Dehn- und Aufwärmübungen auf die Vertikalsprungleistung.* Deutsche Zeitschrift für Sportmedizin 45 (1994), 253-260.

Hillebrecht, M. (2003). Effects of different stretching techniques on reative performance. Universität Oldenburg.

Walker, B. (2011). Anatomie des Stretchings. Mit der richtigen Dehnung zu mehr Beweglichkeit. München: riva Verlag

7 Tabellenverzeichnis